# श्रीकृष्ण लीला प्रसंग

Books by Mukesh Chhajer:

- Random Reflections (2006)
- On Life and Liberation: Essays on Jain Practices and Philosophy (2007)
- Silent Voices (2008, 2012)
- समय के रंग (Samay Ke Rang (in Hindi)) (2010, 2012)
- Tirthankar Mahaveer: A Biography in Verse (2010, 2012, 2019)
- Momentary Madness (2012)
- Love's Lies and Other Deceptions (2013)
- आहत आत्माऐं (Aahat Atmaen (in Hindi)) (2015)
- मार्ग और मंज़िल (Marg aur Manjil (in Hindi)) (2016)
- Quiet Chaos (2017)
- Afternoon Fog (2018)
- Defiance (2018)
- Unlocked (2019)
- Transition (2020)
- A Journey (2021)
- Gaze (2022)
- A Visitor (2023)
- श्रीकृष्ण लीला प्रसंग (Shri Krishna Lila Prasang) (2023)

# श्रीकृष्ण लीला प्रसंग

काव्य संग्रह

मुकेश छाजेड़

Title: श्रीकृष्ण लीला प्रसंग (Shri Krishna Lila Prasang)
Author: मुकेश छाजेड़ (Mukesh Chhajer)

Language: हिन्दी (Hindi)

Published: September 6, 2023 (Janmashtami)

Publisher: Mangal Publications

Cover Photograph and other photographs: Mukesh Chhajer

ISBN 13: 978-1-962178-01-3

ॐ नमो भगवते वासुदेवाय

श्रीकृष्ण का जीवन, है वहाँ बहुत संघर्ष
कारागार में जन्म, तूफ़ानी जमुना में भ्रमण
आये कंस के सैनिक और असुरों की कतार
पूतना, शकटासुर, तृणावर्त, बकासुर, अघासुर
और कितने नामों का करें वर्णन, यहाँ तक कि
स्वयं ब्रह्मा भी रह गये हतप्रत
कर कालिया का मर्दन और इन्द्र का अहंकार भंग
श्रीकृष्ण ने दर्शाया, कौन है सर्वश्रेष्ठ


इन संघर्षों के बावजूद भी, किया कृष्ण ने
एक ही तत्व की प्रमुखता का स्थापन
चुराकर गोपिओं का माखन, उन्होंने समझाया
क्या है भक्ति और समर्पण

ॐ

ऊधो में था ज्ञान का बल, शास्त्रों में थे पारंगत
जानते थे वे कौन श्रीकृष्ण, अहंकार पर उनका प्रबल


नहीं प्रेम का था स्थान, भक्ति की महिमा थी गौण
देने उनको सीख नई, भेजा प्रभु ने वृंदावन


ज्ञान-बखान हुआ विस्मृत, प्रेमलीला वहाँ देखी अद्भुत
हर गोपी की हर धड़कन में, छाये थे केवल एक कृष्ण
ॐ

बाणासुर ने बाण चलाये
                    केशव मन-ही-मन मुस्काये
जरासंघ ने करी चढ़ाई
                    माधव को वे समझ न पाये
करी कंस ने कई कोशिशें
                    बन कर काल कृष्ण पर आये
ग्वालनों के संग रास रचायें
                    माखन चुरा-चुरा कर खायें


कृष्ण, कन्हैय्या, मधुसूदन
                    कई नामों से जाने जायें
उनके भी पर नैत्र भर आये
                    जब सुदामा द्वार पर आये
                         ॐ

मैय्या कहती, कान्हा खोल
मुँह में मिट्टी खाई बोल
कहते कान्हा, मैय्या देख
सब में छाया मैं ही एक

सूरज, चन्दा, ग्रह ये सारे
और न जाने कितने तारे
नहीं और कोई इस जग में
है सब मेरी माया से

ॐ

गोपी का मन आज न माने
क्यों नहीं आया माखन खाने
द्वार खुला है, माखन सम्मुख
कान्हा के दर्शन को उत्सुक


राह देखती छुप-छुप कर वह
मोर पंख है जिसके सिर पर
ठानी है पर आज प्रभु ने
जाऊँ जब वह आये मनाने
ॐ॰

कुरुक्षेत्र में खड़ी सैनायें
बीच में उनके एक है रथ
देख स्वयं के आत्मजनों को
बिलख गया अर्जुन का मन

भीष्म, द्रोण और कृपाचार्य हैं
साथ ही कौरव भ्राता सब
इनके वध से कैसे होगा
धर्म-न्याय का स्थापन

लहू की नदियाँ यहाँ बहेंगी
शवों से ढ़क जाएगी भूमि
खोकर अपने ही प्रियजनों को
कैसे हम पायेंगे शांति

देख पार्थ की व्यथित दशा को
दिया केशव ने वह संदेश
गूँज रही है ध्वनि आज भी
करने मानव का पथ उज्ज्वल

ॐ

है महिमा केशव की न्यारी
युद्ध क्षेत्र में बने सारथी

युद्ध महाभारत का होगा, यह था उनको ज्ञात
दूत बने फिर भी वे आये, ले शांति प्रस्ताव

दुर्योधन-धृतराष्ट्र परंतु, थे मद में कुछ चूर
भीष्म-द्रोण और कृपाचार्य की, हो गई शक्ति क्षीण

युद्धक्षेत्र में फिर अर्जुन को, दिया सतत संरक्षण
एक-एक कर गिरे भूमि पर, भीष्म, द्रोण और कर्ण

हुआ युद्ध का अंत परंतु, दुःख का टूटा पहाड़
धृतराष्ट्र-गांधारी सम्मुख, सौ पुत्रों की लाश

चिता जली जब उनकी रोया, कुरुक्षेत्र भरपूर
मुक्त हुआ अब मैं पापों से, हुआ बोझ अब शून्य

नहीं शस्त्र उनके हाथों पर, किया अधर्म का नाश
ऐसे केशव-मधुसूदन को, कोटि-कोटि प्रणाम

ॐ

बाल्यावस्था में मोहन, चोरी कर
                                खाते माखन
फोड़े मटकी, वस्त्र-हरण
                                ग्वालनों को करते वे तंग


कर उनके संग हँसी-ठिठोली
                                पहुँचाते उनको आनंद
घोर तपस्या जन्मों की
                                पाती है अब मीठा फल


तभी उन्होंने असुरों को
                                पहुँचाया यम के भी धाम
हुई मृत्यु जब प्रभु के हाथों
                                कैसे भस्म न हों फिर कर्म


इन्द्र और ब्रह्मा हुये पराजित
                                गोवर्धन को दिया सम्मान
मैय्या को ब्रह्मांड दिखाया
                                रास रचाया गोपिओं संग


ब्रज की इन लीलाओं में
                                प्रेम-भक्ति का है उत्कर्ष
यदि पाना है मुक्ति तो फिर
                                अपनाओ ऐसा ही रंग
                        ॐ

कैसे होते कृष्ण विजय

मैय्या की ममता के सम्मुख
बाँध दिया खुद को डोरी से

राधा की श्रद्धा के सम्मुख
रहते हरदम वे नत-मस्तक

गोप-गोपियों की प्रीति ने
रखा उन्हें अपने बंधन में

और सुदामा की भक्ति ने
विवश किया उनके नेत्रों को

ये ही मात्र उदाहरण हैं
प्रभु के पार्थिव जीवन में
जब हार मान ली प्रभु ने भी
भक्ति-और-प्रेम की महिमा से
ॐ

कभी हाथ में मुरली प्रभु के
        कभी सुदर्शन है धारण
कभी चुराया माखन प्रभु ने
        कभी वे करते वस्त्र-हरण


ब्रज-ग्वालनों की भक्ति ने
        रीझा लिया प्रभु का भी मन
यमुना तट पर रास रचाते
        देते मन को शुद्ध आनंद


गोपों के संग गाय चरावें
        खेले खेल नये प्रतिदिन
उनकी सरल हृदयता करती
        प्रभु को मन-ही-मन मोहित


ब्रज के जीवन में प्रभु ने
        दिया विश्व को यह संदेश
कर्म-ज्ञान-और-योग तो पथ हैं
        भक्ति पर सच्ची मंजिल
           ॐ

कुरुक्षेत्र हो गया व्यथित
                 सेनाओं के बोझ से उसकी
                         टूट रही है एक-एक नस


मध्य खड़े उस युद्ध क्षेत्र में
                 देख रहे यह दृश्य विहंगम
पार्थ कहे तब, हे मधुसूदन
                 कैसे करूँ परिजनों का वध


कहते केशव, हे क्षत्रिय
                 यही तुम्हारा है कर्तव्य
यदि धर्म पर आये आँच
                 अवश्य उठाओ तुम गाँडीव


तुम तो केवल मात्र निमित्त
                 मृत्यु इनकी है निश्चित
भोग रहे हैं ये वे फल
                 है प्रारब्ध का, यह सब खेल


यह संहार है सुनिश्चित
                 ना तुम हो इससे भयभीत
नहीं धर्म की होवे हार
                 क्यों न प्रतिज्ञा मेरी भंग
                         ॐ

लोरी गाती मात जसोदा
> हौले-हौले डोले पलना

गायें देती हैं एक पहरा
> करती गोपियाँ दर्शन-पूजा

सदियों की है घोर तपस्या
> प्रभु सेवा की थी उत्कंठा

अवसर आज सुहाना आया
> यमुना तट पर पूर्ण कामना

एक कृष्ण ही पूर्ण पुरुष हैं
> है शक्ति उनकी यह प्रकृति

इसीलिये है उत्तम सबमें
> ज्ञान, कर्म और योग से भक्ति

ॐ

कृष्ण के कंधों पर, है ब्रह्मांड का बोझ
रहते हैं कृष्ण फिर भी, हरदम सहज
कृष्ण की आँखों में है, करोड़ों सूर्यों का तेज
झलकता है फिर भी वहाँ, नेत्रों से स्नेह

कृष्ण की शक्ति के सम्मुख, हैं सभी निस्तेज
गोपियों के प्रेम से पर, हों गये कृष्ण पराजित
नहीं है कृष्ण में, कोई विरोधाभास
कृष्ण हैं कृष्ण, नहीं द्वैत का वहाँ वास
ॐ

मुख पर माखन लिपटा है पर
<br>कहते कान्हा, मैं नहीं चोर
<br>परेशान ये करती मुझको, करें शिकायत
<br>यदि नहीं नाचूँ, इनके सम्मुख


है सदियों से आस लगाये
<br>बार-बार ये मुझे बुलाती
<br>यदि नहीं स्वीकार करूँ मैं
<br>अभिलाषा तब रहे अधूरी


जन्म-जन्म की घोर तपस्या
<br>है यह सब उसका परिणाम
<br>मेरी लीलाओं में हिस्सा
<br>यह बस है इनका अरमान
<br>ॐ

कृष्ण नहीं इतने आसान


कभी चुराते माखन तो वे, वस्त्र-हरण करते हैं कभी
कभी-कभी मन ही को हर कर, दे देते हैं वे मुक्ति


फोड़े मटकी, मैय्या पकड़े, छोटी पड़ जाती रस्सी
फिर ऊखल से बाँध स्वयं को, मुक्त करें दो श्राप ग्रही


असुरों और राक्षसों की, आँखों में खटते हरदम
प्रभु के हाथों वध भी पर, क्या मृत्यु इससे अनुपम


कड़ी तपस्या कर के पाया, मुनियों ने गोपी का जन्म
करी साधना उनकी पूरी, रास रचाकर सबके संग


एक-एक कर कई अधर्मी, पहुँच गये सब यम के धाम
नहीं उठाया शस्त्र परंतु, कुरुक्षेत्र की भूमि पर


कौरव-पांडव शस्त्र सुसज्जित, खड़े एक-दूजे के सम्मुख
भ्रम से मुक्त किया अर्जुन को, नहीं हुआ कर्तव्य विमुख


कृष्ण नहीं इतने आसान

ॐ

कुरुक्षेत्र के मध्य खड़े
                    हतप्रत अर्जुन का धैर्य हैं वे
मानव जाति की लाज रखें
                    प्रभु गीता का आख्यान करें


हे पार्थ सुनों, इस दुनिया में
                    नहीं अपना-और-पराया है
हर शत्रु-मित्र एक माया है
                    सब में ही मैं, समाया हूँ


इनकी मृत्यु का कारण तुम
                    एक तुम्हारा है यह भ्रम
ना जन्म हुआ, ना है मृत्यु
                    ये मात्र राह के हैं पत्थर
                            ॐ

कुरुक्षेत्र के महायुद्ध में
           कृष्ण नहीं धरते हथियार
फिर भी युद्ध की हर लीला में
           है उनका ही पूर्ण प्रभाव


बाण चलाते भीष्म और अर्जुन
           भीम गदा से रहे सुसज्जित
द्रोण-कर्ण हैं बड़े पराक्रमी
           रहे मति पर उनकी दूषित


दुर्योधन, दुस्सासन भी हैं
           शैल्य, कृपा और अश्वत्थामा
द्रुपद, विराट और धृष्टधुम्न भी
           शक्ति पर सबकी है माया


केवल केशव ही यह जाने
           विजय-पराजय का निर्णय
फिर भी भू की प्यास बुझाने
           लहू की दरिया है आवश्यक
             ॐ

कृष्ण अकेले ही काफ़ी थे
　　　　करने दुष्टों का संहार
पर क्या मानव प्रेरित होता
　　　　करने को कोई पुरुषार्थ


बने सारथी युद्ध क्षेत्र में
　　　　और दिया गीता का ज्ञान
ना भूलो पर कृष्ण वही
　　　　प्रेम-भक्ति जिनकी पहचान
　　　　　ॐ॰

युद्ध महाभारत एक खेल
          कहा कृष्ण ने, कर मत भूल
पार्थ उठो, धरो गाँडीव
          करो भीष्म का, अब तुम वध

है माया बस यह संसार
          कर्म प्रारब्ध करते संहार
तीर तुम्हारे मात्र निमित्त
          मृत्यु तो इनकी निश्चित

द्रोण, कृपा और कर्ण यहाँ
          पुतले हैं बस माया के
शत्रु, मित्र और संबंधी
          रिश्ते क्षणिक इस जीवन के

बस इतना कर्तव्य तुम्हारा
          करो धर्म की तुम रक्षा
परिणामों के नहीं अधिकारी
          व्यर्थ क्यों करते हों चिंता

पार्थ उठो, धरो गाँडीव
          करो भीष्म का, अब तुम वध
          ॐ

नहीं करते यदि माखन चोरी
　　　　कैसे गोपियाँ पाती मुक्ति
नहीं करते यदि हँसी-ठिठोली
　　　　कैसे रहती मैय्या भूली


नहीं खाते यदि मुट्ठी मिट्टी
　　　　कैसे आदर पाती धरती
नहीं छोड़ते यदि वृंदावन
　　　　कैसे होती पूरी भक्ति


नहीं कराते यदि युद्ध वे
　　　　कैसे होता धर्म प्रबल
नहीं धोते यदि चरण सखा के
　　　　मैत्री कैसे होती सबल
　　　　　　ॐ

धृतराष्ट्र की राज्यसभा में
        हुआ द्रौपदी का अपमान
भीष्म, कृपा और द्रोण भी बैठे
        रहे झुकाकर अपना सिर


नहीं द्रौपदी पर अनाथ थी
        प्रभु का उसने किया स्मरण
नपुसंकों की राज्यसभा की
        लाज बचाने आये कृष्ण
            ౨ॐ౸

भेस धरे वे मानव का
        करें लीलायें बालक की
घुटनों के बल दौड़ लगायें
        और करें माखन चोरी


वृंदावन में गाय चरावें
        रंगों से खेले होली
आये असुर घमंडी कितने
        मिल गयी पर उनको मुक्ति


गोप-गोपियाँ रखते प्रीत
        नाच नचावें वे प्रतिदिन
भक्ति की इस मधुर सुधा में
        प्रभु भी हो जाते हैं लीन
             ॐ

गोकुल में जब कृष्ण थे आये
रात अंधेरी, बादल छाये
गहरी निंद्रा थी भरमाई
वृक्षों ने भी राज छिपाये

भोर हुई और सूरज आया
था वह भी कुछ सहमा-सहमा
पहली बार उसे भी होगा
प्रभु दर्शन करने का मौका

वृक्ष-लतायें-फूल-और-पत्ते
प्राणी भिन्न-भिन्न प्रकृति के
लालायित थे छवि निहारने
प्रभु का अद्भुत रूप सलोना

आये ऋषि-मुनि, आये देवता
आये अपने-अपने ढ़ंग से
अवसर आज मिला है ऐसा
करने वंदन प्रभु का मन से

ॐ

क्यों नहीं आये द्वार, प्रभु तुम क्यों नहीं आये द्वार
दीन सुदामा पर नहीं माँगे, तुमसे कोई उपकार


भूखे-प्यासे फटेहाल वे
   पहुँचे प्रभु के धाम
धन-वैभव की इस नगरी में
   लगते वे अनजान


पूछे जग से मुझे बताओ
   कहाँ कृष्ण का वास
हँसे लोग और कहते उनसे
   भिक्षा की क्या आस


व्यथित सुदामा, तनिक शरम से
   कहते हैं वे मित्र
व्यंग नयन हैं खिल्ली उड़ाते
   नहीं संभव यह अंश


थके-हारे पहुँचे वे द्वारे
   विनती करें सैनिक से
नाम सुदामा, आया मिलने
   संदेसा जा कहिये


द्वारपाल है असमंजस में
   कैसे भीतर जाय
फटेहाल इस भिक्षुक का
   क्या संदेश सुनाय

हौले-हौले शयनकक्ष में
                         किया सैनिक ने प्रवेश
कर प्रणाम प्रभु को बतलाया
                         आगंतुक संदेश


नाम सुदामा सुनकर दौड़े
                         प्रभु द्वार की ओर
नंगे पाँव, वस्त्र हैं बिखरे
                         नाम सखा का होंठों पर


विस्मित हुई रुक्मणी-भामा
                         और सभी स्तब्ध
नहीं कभी है देखी प्रभु की
                         छवि ऐसी उज्ज्वल


इधर सुदामा खड़े धूप में
                         करते मन में विचार
मूर्ख हूँ मैं जो आने का
                         कर बैठा दुस्साहस


कहाँ द्वारिकाधीश कहाँ मैं
                         ब्राह्मण एक दरिद्र
मेरे सम्मुख आने से क्या
                         नहीं हों वे अपमानित

इसीलिये संदेस न कोई
                    ना ही कोई हलचल
शायद वे यह सोच रहे हैं
                    क्या उलझन का हो हल


समय यही है आये इससे
                    पहले कोई संदेश
लौट चलूँ मैं अपने घर को
                    ना हो जिससे खेद


भारी मन से धीरे-धीरे
                    कदम पड़े विपरीत
उधर कृष्ण के मन में उफने
                    सखा मिलन की प्रीत


द्वार पहुँच प्रभु पूछे सबसे
                    कहाँ गया मेरा मित्र
द्वारपाल भौचक्के रह गये
                    देख दशा अद्भुत


दौड़ रहे प्रभु आगे-आगे
                    सेवक पीछे-पीछे
प्रजा द्वारिका की स्तंभित
                    कैसे है यह संभव

कानों में जब पड़ी ध्वनि
                    गये सुदामा ठिठक
मुड़कर देखा, द्रवित नेत्र भर
                    सम्मुख खड़े श्रीकृष्ण


"बिना मिले ही लौट रहे तुम
                    यह कैसा कटु व्यवहार"
"समझा मैं तुम भूल गये
                जब नहीं आये तुम द्वार"


मिले सखा तब गले हृदय से
                    बहे नयनों से धार
प्रभु स्वयं जब करते स्वागत
                    कैसे हो वह दरिद्र


हाथ पकड़ प्रभु सखा को लाये
                    राजमहल के भीतर
आदरपूर्वक करें आरती
                    जामवती और लक्ष्मी


निज आसन पर फिर बैठाया
                    धोये मित्र के पाँव
नयनों से लगे झरने आँसू
                    जान व्यथा का भाव

संकट में तब पड़े सुदामा
                    कैसे भेंट करें
चाँवल के चंद दानों का
                    मूल्य यहाँ क्या है


नहीं परंतु छुपा सके वे
                    प्रभु से मन की बात
साग्रह प्रभु ने लेकर चाँवल
                    किया उनका आहार


एक-एक दाने की कीमत
                    शत-शत आशीर्वाद
हुये सुदामा उसी वक्त
                    इस भवसागर से मुक्त
                        ༓ॐ༓

माखन की जिद करते मोहन
                          है मैय्या हैरान
जाकर घर-घर करता चोरी
                          सब हैं करते शिकायत


दूँगी आज नहीं मैं माखन
                          मतकर मुझे परेशान
फोड़ी मटकी, बिखरा माखन
                          हुई मैय्या नाराज


लेकर लकड़ी हाथ में दौड़े
                          मैय्या पीछे-पीछे
सृष्टि के रखवाले भी
                          पड़ गये अब उलझन में


यदि पिटाई आज हुई तो
                          होगा बड़ा अनर्थ
होगी भक्ति अपमानित और
                          पीड़ित होगा भक्त


रोष यदि कुछ नीचा हो तो
                          आ जाऊँ मैं हाथ
इसीलिये कुछ दौड़ लगायें
                          करें परिश्रम साथ

थकी-हारी जब मैय्या थोड़ी
                    गये कन्हैय्या रुक
गिर गई लकड़ी पर हाथों से
                    रही दोष से मुक्त


प्रभु की लीला से नहीं होती
                    कभी भक्त को हानि
संकट चाहे कैसा भी हो
                    करते प्रभु रखवाली
                         ॐॐ

जब कान्हा ने मुरली उठाई
>कहे मुरली, मैं हो गई न्यारी
प्रभु ने जब से मुझको चूमा
>बहे हृदय में सुंदर लहरी


रोम-रोम आनंद है फूटा
>नाच रहा मन, कभी न थकता
मधुर ध्वनि उठती तन-मन से
>नहीं छल सकती, मुझको माया


तू भी बन जा एक बाँसुरी
>हो जा प्रभु चरणों में अर्पित
यदि उठाया प्रभु ने तुझको
>नहीं गिरना फिर होगा संभव
>ॐ

कहा कृष्ण ने, हे धृतराष्ट्र
गाँव पाँच माँगू मैं मात्र
यह दृढ़ है मेरा विश्वास
पांडव इसमें ही संतुष्ट

अहंकार अंधेपन का पर
कैसे हो सकता है तृप्त
ठुकराकर प्रस्ताव प्रभु का
दिया युद्ध को आमंत्रण

हुये कृष्ण तब बंधन मुक्त
कर्मों का होगा संग्राम
दुष्कामों के रक्षक भीष्म
सत्कर्मों के प्रभु श्रीकृष्ण

कौन विजेता यह निश्चित
मार्ग परंतु है दुष्कर
कुरुक्षेत्र की रणभूमि पर
मृत्यु का विस्तृत साम्राज्य

ॐ

जब कान्हा ने मुरली बजाई
दौड़ी-दौड़ी गोपियाँ आई
लाज-काज सब भूल गई वे
समय आज करने का रास

एक कन्हैय्या, कई गोपियाँ
सब के मन में एक लालसा
रुक जाए अब समय यहाँ और
हो मेरे संग बस एक कान्हा

जान गोपियों का आह्वान
धरे रूप कान्हा ने अगणित
हर गोपी के साथ कन्हैय्या
जन्म-जन्म की पूर्ण साधना

भक्ति-प्रेम का अद्भुत दृश्य
क्या इससे बढ़कर कुछ श्रेष्ट
यदि पहुँचना है उस क्षेत्र
प्रभु चरणों में धर दो शीश

ॐ

भ्रमित गोपियाँ, कौन है कृष्ण
                    लीलाऐं इसकी नटखट
बातें करता बड़ी अनूठी
                    मिटा रही मन का ये क्लेश


यदि चुराये ये माखन
                    मोह हमारा होता कम
यदि फोड़ता ये मटकी
                    लालच से पाते छुट्टी
यदि ये करता वस्त्र-हरण
                    बढ़ जाती मन में भक्ति
मन रहता चंचल-बेचैन
                    यदि नहीं ये आवे निकट


कैसी अद्भुत लीला इसकी
                    चुरा लिया है सारा चैन
दूर नहीं हम रह सकती हैं
                    चाहे आयें कष्ट अनेक

ॐ

पहुँचे उद्धव वृंदावन, ले प्रभु का संदेश
ज्ञान-योग की शिक्षा देकर, करो दूर सब क्लेश
सुन उद्धव उपदेश परंतु, करें गोपियाँ हास
नहीं कृष्ण हैं दूर ही हम से, बसते वे हर साँस
༄ ॐ ༅

जब गैय्या के साथ कन्हैय्या
                    करते मुरली वादन
कहती गैय्या, हुआ प्रभु
                    जन्म मेरा अब सार्थक


सुन कान्हा की बंसी का स्वर
                    यदि नहीं हो मन पावन
कर्म तुम्हारे हैं अभी दूषित
                    कर यमुना स्नान

                        ॐ

घुटनों के बल कान्हा भागे
                    मैय्या पीछे-पीछे
दूरी फिर भी कम नहीं होती
                    माया है कुछ ऐसी


थक कर बैठ गई जब मैय्या
                    आये कान्हा वापस
आँचल में छुप कर वे कहते
                    मैय्या ढूँढ़ मुझे अब
                    ৩ॐ৪

मुरलीधर की मुरली सुनकर
            हुई गोपियाँ भाव विभोर
काम-काज घर के सब छोड़े
            पहुँच गई वे यमुना तट


एक-एक गोपी ने पाया
            अपना प्रियतम अपने संग
खो बैठी वे अपना सब पर
            पाया जो सबसे उत्कृष्ट
                ॐ

कुरुक्षेत्र में कहते कृष्ण
                 उठ अर्जुन, तू कर कर्तव्य
सारे रिश्ते-नाते हैं बस
                 नाटक के जैसे कोई पात्र


आज जो दुश्मन कभी थे मित्र
                 मित्र आज, कभी राह विरुद्ध
इस यात्रा में बढ़ते सब
                 जैसा है जिसका प्रारब्ध


अगणित जन्मों का परिणाम
                 लाया है सबको इस धाम
मेरी आज कृपा से होगा
                 इनके सब कर्मों का भस्म


भीष्म, द्रोण या हो वह कर्ण
                 भीम, युधिष्ठिर और द्रुपद
हैं वे उत्सुक करने को
                 अपने कर्तव्यों का अंत


क्यों डरते हो, तुम एक वीर
                 है गाँडीव तुम्हारा प्रबल
जन्म-जन्म की कड़ी तपस्या
                 घड़ी परीक्षा आई अब
                 ૐ

खड़ा मध्य में युद्धक्षेत्र के
कहता अर्जुन मधुसूदन से
कैसे मैं कर पाऊँ युद्ध
है सम्मुख जब मेरे भीष्म

गिरा धनुष और मन विक्षिप्त
बैठ गया वह रथ के मध्य
नहीं चला सकता मैं बाण
होगा इससे महाविनाश

देख दशा तब अर्जुन की
कहा केशव ने, सुन ओ वीर
इनके कर्मों का परिणाम
भोगेंगे ये, तू यह जान

तीर तुम्हारे मात्र निमित्त
मृत्यु इनकी है निश्चित
नहीं शोक तू इनका कर
नहीं काल है कोई मित्र

ना मैं आदि, ना मैं अंत
मैं ही देता सबको जन्म
होती है जब आयु पूर्ण
होते हैं तब मुझमें लीन

चिंता है तेरी यह व्यर्थ
                कर तू बस अपना कर्तव्य
ना तू कर किसी फल की इच्छा
                आ जा तू बस मेरी शरण
                        ༄ ॐ ༅

माखन चोर से मुरली मनोहर
          ग्वाल सखा फिर साथी अर्जुन
महारास से महाभारत तक
          कृष्ण हमेशा हैं सम्पूर्ण

शांतिदूत धृतराष्ट्र सभा में
          युद्धक्षेत्र अर्जुन ललकारें
वस्त्र-हरण और वस्त्र-दान
          कृष्ण हमेशा हैं सम्पूर्ण

अहंकार पर पड़ते भारी
          बलदाऊ, ब्रह्मा या इन्द्र
सरल सुदामा से मिलने वे
          दौड़ पड़े सुधबुध खोकर

नहीं ज्ञान से उनको जानो
          नहीं कर्म से उनको पाओ
योग-ध्यान भी वहाँ तुच्छ है
          प्रेम-भक्ति की राह अपनाओ
                    ॐ

यदि किया केशव से झगड़ा
पाओगे तुम दंड एक तगड़ा
यदि करी कान्हा से कुट्टी
खाओगे तब माखन-मिश्री

साथ यदि हो मधुसूदन के
एक परीक्षा होगी तगड़ी
कान्हा यदि फोड़े तेरी मटकी
भवसागर से पाओ छुट्टी

राज्यसभा में माधव आयें
दुष्ट सभी भयभीत हो काँपे
कृष्ण गुरु के आश्रम पहुँचे
मन गुरु का भी हर्षाये

यदि हाथ में आये सुदर्शन
मृत्यु तुम समझो तब निश्चित
अधरों पर जब मुरली नाचे
समय आ गया प्रभु मिलन

ॐ

नहीं उठाया प्रभु ने शस्त्र
　　　　कुरुक्षेत्र रणभूमि में
नहीं उठाई प्रभु ने पर
　　　　मुरली भी रणभूमि में

यदि उठाते शस्त्र स्वयं
　　　　युद्ध नहीं चलता क्षण मात्र
उनके एक विचार से
　　　　हो जाते सब योद्धा ध्वस्त

यदि उठाते मुरली वे
　　　　होता तब कुछ और ही अंत
सुन मुरली की तानों से
　　　　धुल जाते सारे ही मल

कर्मों का होता उपहास
　　　　सदाचार की गिरती लाज
बिना दंड यदि मिलती मुक्ति
　　　　क्या मानव फिर सीखता पाठ
　　　　　　ॐ

बाँसुरी जानती है, अपना कर्तव्य
कान्हा के अधरों से, श्रीजी के कानों तक
यदि कोई मध्य में, उभरे व्यवधान
बाँसुरी की ध्वनि, बन जाती है सुदर्शन

ॐ

भक्ति ही यदि होवे भृष्ट
क्यों फिर प्रभु करें कोई कष्ट

धृतराष्ट्र को था यह ज्ञान
केशव नहीं सामान्य इंसान
फिर भी उसकी आँखें बंद
नष्ट हुआ कौरव का वंश

आई पूतना, आया अजगर
करता कंस प्रयत्न निरंतर
नहीं पर उनकी बुद्धि निर्मल
हुआ विनाश, गये वे यमपुर

उधर गोपियाँ विरह व्यथा में
तड़फ रहीं हैं आठों प्रहर
फिर भी कहतीं, हे ऊधो तुम
ना प्रभु को कहना यह दुःख
ॐ

यदि भावना है पक्की
    कर लो तुम प्रभु से कुट्टी
बिना प्रभु के भी तू पूर्ण
    बिन तेरे पर प्रभु बेचैन


नहीं सुदामा माँगे कुछ
    देने को प्रभु पर इच्छुक
एक-एक चावल की कीमत
    चुका रहे प्रभु के आँसू


नहीं गोपियाँ माँगे कुछ
    याद प्रभु करते हरदम
राजसिंहासन पर बैठे फिर
    कौन कहे तू माखन चोर


नहीं राधा ने कहा कभी
    छोड़ हुये क्यों परदेसी
साथ लक्ष्मी हरदम थी
    थी मुरली तब भी प्यासी
        ॐ

नन्द-यशोदा ने पाया
बचपन प्रभु का आशीर्वाद
खिला रहे अपने हाथों से
माखन-मिश्री प्रभु को साथ

लीलाओं में पारंगत प्रभु
हर गये पूतना के प्राण
हरि ही हर लें यदि किसी को
कैसे तब वह हो दिग्भ्रांत

अघासुर, तृणावर्त आये
बकासुर और शकटासुर
प्रभु के एक स्पर्श मात्र से
हुये सभी वे श्राप मुक्त

नन्हे-नन्हे हाथों से
माखन जब वे चुराते हैं
घुटनों के बल दौड़-दौड़ कर
छिप-छिप कर फिर खाते हैं

होकर जग के नारायण पर
भोलापन ऐसा दिखलाते
भक्तों के अंतर में जिससे
प्रेम-भाव झरता ही रहे

ॐ

नहीं कृष्ण कभी गये ही मथुरा
नहीं बने वे द्वारिकाधीश
नहीं लड़े वे जरासंघ से
नहीं आये वे कभी कुरुक्षेत्र

कृष्ण हमेशा विद्यमान थे
गोकुल के गोपों के मध्य
उनके मात्र खयालों से ही
बदल गया सारा परिवेश

मर गया कंस, जरासंघ हारा
शिशुपाल का सिर भी काटा
भीष्म, द्रोण और अगणित योद्धा
उनके भी जीवन को तारा

जहाँ गोपियाँ, जहाँ है राधा
वहीं प्रभु का वास सदा
वैसे तो प्रभु की माया में
घटनाओं का है ताँता

☙ॐ❧

राम जन्म में प्रभु का जीवन
मर्यादा में लीन
जन्म समय से कृष्ण जन्म में
खेलें खेल विचित्र


खुली बेड़ियाँ, यमुना पार
वसुदेव ले आये
ना ही बाबा नन्द-यशोदा
राज समझ यह पाये


आये कई असुर अब लड़ने
करने प्रभु का घात
एक-एक पर श्राप मुक्त हो
पहुँचे यम के धाम


यमुना तट पर प्रेम सुधा की
बहती अनुपम धार
मुरली काट रही सब बंधन
गूँजे ध्वनि मधुर


ब्रज का पल-पल था प्रभु का
एक यही संदेश
यदि प्रभु को पाना है तो
कर लो प्रभु से प्रेम

ॐ

मधुर ध्वनि मुरली की सुनकर
                    हुई गोपी बेचैन
काम हैं सारे घर के इतने
                    प्रभु का पर आमंत्रण


साफ-सफाई, घर की व्यवस्था
                    है इनका दायित्व
कैसे पर वह ठुकरा सकती
                    प्रेम भरा यह आग्रह


इस दुविधा में खुद को भूली
                    खड़ी द्वार पर जड़वत
हुए कार्य और प्रभु मिलन भी
                    ऐसा प्रभु का वैभव
                    ॐॐॐ

कहा प्रभु ने, हे अर्जुन
सम्मुख तेरे नहीं परिजन
नहीं सखा, ये नहीं दुश्मन
माया रूप ये भिन्न-भिन्न

भोग रहे फल कर्मों का
मृत्यु तो बस क्षणिक विराम
अपने-अपने स्तर पर
होगा इन सबका उद्धार

ॐ

कहा कृष्ण ने, हे अर्जुन
　　　　　नहीं मृत्यु कोई दुश्मन
यदि वस्त्र कोई जाये फट
　　　　　नया नहीं क्या करते धारण

राग-द्वेष और मोहमाया का
　　　　　मैल चढ़ा है कई परत
उसे यदि करना है साफ
　　　　　आवश्यक करना स्नान

काया का जीवन है सीमित
　　　　　कर ऐसे कुछ कार्य
हो जिससे कर्मों का अंत
　　　　　खुल जायें मुक्ति के पथ

वीर कई सम्मुख तेरे
　　　　　नहीं भाई, नहीं परिजन ये
जो अधर्म का साथ करे
　　　　　नहीं शोक के लायक वे
　　　　　　ॐ

यमुना तट पर कान्हा आये
मुरली की मधु साज बजे
गोप-गोपियाँ, फूल-और-पत्ते
भक्ति सब में जाग उठे


कोई नाचे, कोई गाये
कोई जमुना जल में नहावे
अलग-अलग हैं लीला उनकी
सब में पर वे प्रभु को पावें


जो प्रभु की सेवा में तत्पर
खुशी-खुशी करे खुद को अर्पित
कैसे फिर प्रभु उसके घर की
राह स्वयं खुद ही ना जावें

ॐ

श्याम बजाये बाँसुरी
हुई गोपी बेचैन
माया के अधीन वह
खड़ी द्वार के मध्य

यदि गई वह यमुना तट
होगी लज्जा भंग
और निमंत्रण यदि ठुकराया
सदियों का तप व्यर्थ
ॐ

'' केशव, मुझमें नहीं है शक्ति
            करूँ युद्ध मैं आत्मजनों से
इनके वध से बेहतर होगा
            हो जाये मेरा ही अंत''


गिरा धनुष और विवश पार्थ तब
            बैठ गया अपने रथ पर
समझाया तब मधुसूदन ने
            क्या है जीवन, क्या है मौत


नहीं आत्मा है वस्तु नश्वर
            ना गंदी, ना हो गीली
ना तीरों से वह छिन पाये
            ना तलवार में है शक्ति


नया जन्म है मात्र वस्त्र एक
            हुआ पुराना छूट गया
नया जन्म है मौका उत्तम
            करने को प्रयास नया


यदि स्वार्थ से रहो दूर तुम
            यदि लोभ से हो छुट्टी
अहंकार यदि रहता बस में
            और क्रोध से हो कुट्टी

अवसर तब आये जीवन में
                करने को ऐसी प्रगति
स्वयं मुझे भी रहे प्रतीक्षा
                हो जाये ऐसी भक्ति
                    ॐ॰

मोहन हैं मुरली के दास
  बिन मुरली के कैसे पहुँचे
   राधा तक उनकी आवाज


भोर कहे मैं क्यों आऊँ
   करता कौन मेरा इंतजार
कहती दोपहर क्यों मैं भटकूँ
   क्या है मुझको इससे लाभ
साँझ स्वयं हो जाती बोझिल
   अंधकार का बढ़ता राज्य
कहती रात्री, मैं हूँ रानी
   मेरा ही सब पर अधिकार


यदि नहीं जागे राधा ही
   हो जाये प्रकृति भी निराश
बिन मुरली के मोहन भी तब
   हो जायेंगे स्वयं हताश
    ॐ

गये सुदामा प्रभु दर्शन को
                मन में था संकोच
वे राजा, मैं दीन ब्राह्मण
                क्या अब भी वे मित्र


नंगे पाँव चले वे घर से
                दो मुट्ठी थी भेंट
प्रभु की अद्भुत लीला में पर
                हैं वे सबसे श्रेष्ठ

                ॐ

कहा कृष्ण ने, हे अर्जुन
                हैं माया के गुण अद्भुत
भाई-दुश्मन, पिता-और-पुत्र
                एक जीव पर देह अनेक


पूर्व जन्म के कर्मों का
                भोग रहे सब फल हैं आज
यदि मोह से नहीं उभरे
                क्रम नहीं होगा कभी समाप्त


नहीं पितामह भीष्म तुम्हारे
                ना दुर्योधन संबंधी
भीम-युधिष्ठिर हैं भाई पर
                रिश्ता क्षणिक है यह भी


आत्मा धरती रूप अनेक
                नर-नारी, पक्षी या देव
नहीं परंतु है कोई
                आत्मा का स्वरूप सदैव


शुद्ध, स्वतंत्र, सनातन यह तो
                है आनंद स्वरूप स्वयं
क्यों करते हो शोक यदि
                हो जाये इस देह का अंत
                ॐ

कान्हा गये गोपी के घर
            खाया माखन मुट्ठी भर
कहती गोपी माखन चोर
            कहे कान्हा, कर्मों का फल


सदियों से तू रीझा रही
            कहती आजा कृष्ण-कन्हाई
अब मुट्ठी भर माखन में ही
            बिछुड़ गई तेरी भक्ति
                  ॐ

कहा कृष्ण ने, हे उद्धव
   विनती मेरी यह तू सुन
मैय्या, गोपियाँ राह देखती
   कर दो उनका दुःख कुछ दूर


पहुँचे जब उद्धव वृंदावन
   कहें गोपियाँ, यह ज्ञान विचित्र
जो है जीवन का आधार
   कैसे कर दें उनका त्याग


खुली आँख वे सम्मुख हरदम
   बंद आँख उतरे वे उर में
कानों में हरदम है गूँजती
   उनकी मुरली की ही धुन


रोम-रोम कहता है श्याम
   साँसों में हरदम वह नाम
उन्हें भूलकर क्या हम पायें
   भर दे जीवन में आनंद


विरह हमारा है अब साथी
   सुबह-शाम उनके गुण गाती
है बस एक यही अभिलाषा
   जहाँ रहें वे, हो वहाँ उजाला
    ॐ

माया, मौत, और माखन चोर
नहीं इनके सिवा कोई और
माया में होती है मौत
यदि छूटना इस झंझट से
तो तुम पकड़ो माखन चोर
ॐ

बंसी की धुन सुनकर गैय्या
पशु-पक्षी और ताल-तलैय्या
खो देते हैं सुध-बुध अपनी
रोम-रोम में कृष्ण कन्हैय्या

हो चाहे गैय्या वह भूखी
हो जाये दरिया भी सूखी
नहीं पर उनके मन में तब भी
आस उमड़ती कोई दूसरी

तन और मन अब हैं एक लय में
डूब गये सब मुरली धुन में
जहाँ कृष्ण एक बार विराजे
कैसे वहाँ फिर उभरे लहरें

ॐ

क्यों तू करता है चोरी
पूछे मैय्या रूठी-रूठी
क्या तू रहता है भूखा
क्या घर में है कोई कमी


इस दुनिया की यह माया
सुन मैय्या, कहते कान्हा
चोर के पीछे सब दौड़े
रीत यही इस दुनिया की


नहीं करूँ यदि चोरी माखन
कैसे कटें उनके फिर बंधन
सदियों से वे रही पुकार
समय यही अब हो उद्धार
ॐ

मध्य रात्री, मूसलाधार
चुपके से कर यमुना पार
टूटी टोकरी हो के सवार
पहुँचे प्रभु बाबा के द्वार

वहाँ किये फिर कार्य अनोखे
किया पूतना का उद्धार
शकटासुर, अरिष्टासुर
बकासुर, अघासुर तार

गायें, गोपियाँ, माखन-मुँह
किया इन्द्र का भ्रम भी दूर
कालिया मर्दन किया परंतु
श्रीजी के सम्मुख वे मूक

सुनकर उस मुरली की धुन
हुई गोपियाँ भावविभोर
सदियों की जो कड़ी तपस्या
आज हो गया मिलन मधुर

जगतपिता ब्रह्मा कहलायें
करते हैं जग का निर्माण
भृकुटी यदि शिव की खुल जाये
हो जाये यह विश्व समाप्त

श्याम परंतु हैं नभ वैसे
   जैसे मटकी में आकाश
बंधन में बंधकर भी हैं वे
   सागर जैसे रहता साक्ष

    ॐ

विरह व्यथा राधा की अद्भुत
            गये श्याम पर ब्रज नहीं दूषित
बेल-लतायें पत्ते-पत्ते
            श्याम-रूप सबमें आभासित

कहें गोपियाँ, कान्हा निर्दय
            हे उद्धव, यह ही है परिचय
राजमहल में हो उनकी जय
            दासी हम, क्या करें शिकायत
                        ☙ॐ☙

नहीं कृष्ण कभी हारे रण में
                 पर रणछोड़ वे कहलाये
नहीं प्रेम में वे कभी जीते
                 सतत हृदय का हरण करें

गोप-गोपियाँ, मैय्या-राधा
                 सबके साथ किया धोखा
यदि कभी वे वापस आते
                 कहाँ छिपाते मुँह अपना

इसीलिये भेजा उद्धव को
                 जाकर उनको ज्ञान सीखा
यदि उलझ जायें वे उसमें
                 कहलाऊँगा मैं दाता

वाक् चपलता पर उद्धव की
                 नहीं चली वहाँ एक भी क्षण
डूबे उद्धव भी ब्रज रस में
                 नहीं वापस आये कभी कृष्ण
                    ॐ

कृष्ण गोपियों के सम्मुख
                माखन से है मुख लथपथ
कहते पर वे चोर नहीं
                माखन की है यह करतूत


बुला रहा था मुझको कब से
                लुभा रहा था मेरा मन
आया जब नजदीक मैं इसके
                टूट पड़ा मुझ पर बेरहम


नहीं छोड़ता साथ अब मेरा
                खुद ही आगे-आगे चलता
देता है आभास यह ऐसा
                जैसे माखन मैंने खाया

                         ॐ

कहा पार्थ ने, हे मधुसूदन
　　　　　लो लगाम अब हाथों में
जन्म-जन्म की कोशिश है पर
　　　　　शुद्ध नहीं फिर भी है मन


अहम, क्रोध, और ईर्ष्या उठते
　　　　　सागर में जैसे लहरें
कर जाते हैं तहस-नहस पर
　　　　　नहीं शांत मन को करते


कभी लोभ, कभी लालच-तृष्णा
　　　　　कभी स्वार्थ, कभी आलस मन का
करते हैं जीवन को दूषित
　　　　　डालें आँखों पर परदा


मुझे छुड़ाओ अब तुम इनसे
　　　　　लो लगाम अब हाथों में
बिना तुम्हारे कैसे संभव
　　　　　छुटकारा इस बंधन से
　　　　　　　ॐॐॐ

महाभारत के महायुद्ध में, धूरिचक्र थे कृष्ण एक न्यारे
नहीं हाथ में अस्त्र-शस्त्र पर, रणभूमि के वे रखवाले
कहीं तीर की गति को मोड़ा, कहीं गदा का लिया सहारा
कहीं समय को ही भड़काकर, अपराधी को दंड दिलाया


भीष्म, द्रोण और कर्ण थे योद्धा, साथ थी एक चतुरंगिणी सेना
वीरों की वहाँ खड़ी कतारें, नहीं सत्य पर कवच था उनका
भीम, युधिष्ठिर, अर्जुन संग भी, खड़े कई थे सगे-संबंधी
कृष्ण परंतु थे बस एक ही, उठा रहे सब जिम्मेदारी

ॐ

कहलाये प्रभु माखन चोर
        रखते वे भक्तों की लाज
यदि नहीं वे करते चोरी
        कैसे दे पाते सम्मान


है यह कर्मों का सिद्धांत
        लेन-देन हो एक समान
लिया प्रभु ने जो सर्वोत्तम
        कैसे फिर देते कुछ कम
           ॐ

युद्धक्षेत्र में पार्थ भ्रमित
पितामह हैं जब सम्मुख
कैसे शस्त्र चलाऊँ उन पर
आदर के जो पात्र प्रमुख

कहा कृष्ण ने, हे अर्जुन
भूलो मत अपना कर्तव्य
यह रण है एक धर्म युद्ध
रिश्तों का संबंध क्षणिक

कर्मों का फल भोग रहे सब
जन्म-मृत्यु हैं मात्र निमित्त
अजर-अमर है आत्मा सबकी
वीरगति से होगी मुक्त

ॐ

भीष्म, द्रोण और कर्ण महान
चुना उन्होंने पक्ष गलत
वीर, निडर और शक्तिवान
वचनों के महँगे बंधन


हुआ द्रौपदी का अपमान
रही आँख पर उनकी बंद
हुआ सत्य पर सख्त प्रहार
नहीं जीभ उनकी चंचल
धोखा, झूठ और अत्याचार
भूल गये अपना कर्तव्य
रणभूमि के बाणों ने
किया कर्ज अपना वसूल


हुआ अंत पर सम्मुख कृष्ण
कैसे फिर वे ना हों मुक्त
है बस केवल इसका अर्थ
जहाँ प्रभु वहाँ सब मंगल
ॐ

मोहन की मुरली के स्वर ने
दिया विश्व को यह संदेश
यदि चाहते हो तुम मुक्ति
प्रेम-भक्ति है सबसे श्रेष्ठ


तन-मन सब तुम कर दो अर्पण
कान्हा के पावन चरणों में
अहंकार जब होगा बौना
आयेंगे प्रभु माखन खाने
ॐ

नहीं दोस्त, नहीं दुश्मन तुम हो
नहीं तुम कोई चोर
एक चतुर चालाक ठगोरे
मनमौजी घनघोर


भीष्म, युधिष्ठिर, विदुर और द्रोण
ज्ञानी उनसे बढ़कर कौन
मान-प्रतिज्ञा उनका धर्म
किया ज्ञान से उनका अंत


दुर्योधन, धृतराष्ट्र और कर्ण
झूठ-पाखंड में पारंगत
उनके साथ किया व्यवहार
मिल गया उनको दंड उचित


गोप-गोपियाँ और राधा
प्रेम सदा था उनका सच्चा
देकर उनको भी धोखा
बन गये मथुरा के राजा


आये उद्धव भूमि ब्रज
लेकर उपदेशों का बोझ
धन्य हैं राधे, धन्य गोपियाँ
हो गये उद्धव खुद ही मुक्त
ॐ

शबरी के कभी बेर भी खाये
                कभी सुदामा के चाँवल
कभी विदुर घर साग भी खाई
                चुरा-चुराकर के माखन


प्रभु की इन लीलाओं में
                छिपा परंतु यह संदेश
आऊँगा मैं द्वार तुम्हारे
                यदि तुम मेरे भक्त सरल
                  ॐॐॐ

कहते श्याम, सुनो मानव
                    मैं ही आदि, मैं ही अंत
मुझसे ही जन्मा ब्रह्मांड
                    विलय समय मेरा धारण


ब्रह्मा, विष्णु और महेश
                    नहीं कभी ये मुझसे भिन्न
नहीं कभी ठहरे इस जग में
                    जन्म, मृत्यु और पालन-पोषण


सुख-दुःख है लहरों का दौर
                    खुशी-शोक उनके ही छोर
जितनी ऊँची उठे लहर
                    उतनी ही गिरने पर चोट


यदि तरल तुम बन जाओ
                    शांत भाव से बह पाओ
कर्तव्यों से विमुख न हो
                    फल की आशा ना रखो


यदि संतुष्टि और सहजता
                    उतर गई दिनचर्या में
क्षण-क्षण ही इस जीवन में
                    पाओगे तब तुम मुझको
                    ॐ

कहा कृष्ण ने, सुन अर्जुन
यह जीवन एक रणभूमि
सखा-संबंधी रिश्ते गौण
ना ही है कोई दुश्मन

युद्धक्षेत्र की भूमि मध्य
यदि खड़े विपरीत हैं भीष्म
है उनके कर्मों का फल
वैसे हीं हैं द्रोण और कर्ण

कर्मवीर, ज्ञानी, योद्धा
नहीं विश्व में इनसा दूजा
लड़ते पर ये धर्म विरुद्ध
भोजन है इनका दूषित

शकुनि, दुस्सासन, दुर्योधन
है इनकी तो बुद्धि भृष्ट
पुत्र मोह के भ्रमजाल में
भटक गये खुद ही धृतराष्ट्र

करो युद्ध तुम बिन संदेह
यही तुम्हारा है कर्तव्य
जन्म-मृत्यु तो मात्र पड़ाव
मार्ग भक्ति का ही उत्तम

ॐ

यदि रणछोड़ नहीं होते तो
कैसे रहते रण में शांत
भीष्म, द्रोण और कृपाचार्य को
क्यों नहीं देते खुद ही दंड

आये रखने लाज धर्म की
नहीं संभव यह बिन साधन
भीम, युधिष्ठिर, अर्जुन बन गये
गदा, कवच, और तीखे बाण

चला युद्ध अट्ठारह दिन पर
नहीं वह प्रभु का एक भी पल
बाणों की शैय्या पर लेटे
गंगापुत्र हो गये धन्य

एक-एक कर मरे अधर्मी
लगा धर्म पर भी आक्षेप
युद्धक्षेत्र ही स्वयं बन गया
शांत चिताओं का संदेश
ॐ

ब्रज में जो कहलाये कान्हा
श्रीकृष्ण, जब पहुँचे मथुरा
केशव, माधव, मधुसूदन
जब आ गये वे नगरी द्वारिका

क्या माधव माँगेंगे माखन
क्या कान्हा धरे चक्र सुदर्शन
वस्त्र-हरण क्या करें मधुसूदन
कैसे रास रचायें केशव

नहीं कृष्ण हैं एक क्षण स्थिर
भवसागर की धूरी वे पर
उनकी माया से जग चंचल
पाता जीव उन्हीं में आश्रय

ॐ

जो दोहराते कृष्ण-कृष्ण हैं
        कृष्ण उन्हें मुश्किल से मिलते
जो गाते हैं राधे-राधे
        कृष्ण स्वयं ही दौड़े आते


जो प्रभु से हैं ज्ञान चाहते
        गुरु के द्वार उन्हें पहुँचाते
जो कीर्ति की आस हैं रखते
        वैसा ही वे अवसर पाते
जिन्हें योग पर है विश्वास
        इच्छा वह भी पूरी करते
जो प्रभु की भक्ति हैं करते
        वे ही बस हैं प्रभु को पाते


जो गाते हैं राधे-राधे
        कृष्ण स्वयं ही दौड़े आते
          ॐ

रणभूमि में पार्थ कहे, प्रभु
        युद्ध नहीं मुझसे होवे
गुरु, भ्राता और पितामह
        कैसे उनके प्राण हरें


देख धनंजय की हालत
        कहा प्रभु ने, सुन अर्जुन
तू तो है एक मात्र निमित्त
        मृत्यु तो इनकी निश्चित


और नहीं यह जीवन सत्य
        नाते-रिश्ते भी हैं भ्रम
यह शरीर तो है एक वस्त्र
        आत्मा है पर अजर-अमर


कर कर्तव्य यही बस धर्म
        जन्म-मरण तो साधारण
देख मेरा यह रूप सम्पूर्ण
        नहीं है तू मुझसे ही भिन्न


कर्म, ज्ञान और भक्ति का
        है यह युद्ध, एक चरण
पार करेगा जब तू इसको
        हो जायेगा पूर्ण स्वतंत्र
          ॐ

खाई मिट्टी, खाया माखन
फोड़ी मटकी, वस्त्र-हरण
जब उठती मुरली की धुन
झूम उठे ब्रज का जन-जन

कहें गोपियाँ कौन है तू
हक तेरा क्यों हम पर यूँ
करे काम चाहे कोई हम
मन में तो बस तू-ही-तू

यदि नहीं तू आये घर
रहती मन में घबराहट
छाछ, दही, और माखन तो पर
स्वाद नहीं कोई है जीभ

तेरे ही दर्शन पाने को
करती हैं हम यह षड्यन्त्र
बिना तुम्हें देखे लगता है
नहीं हुआ जीवन सार्थक
ॐ

कहते कान्हा, सुनो राधिके
             बिना तुम्हारे मैं नहीं पूर्ण
मैं हूँ शिव, तुम शक्ति मेरी
             साथ हमारा सदा अभिन्न


आये हैं हम जग में पर
             करने प्रस्तुत इक आदर्श
प्रेम भाव की हो महिमा
             यह सबसे पहला कर्तव्य


कर्म, ज्ञान और योग भक्ति से
             नहीं कोई होता है शुद्ध
बिना प्रेम के होती आत्मा
             नहीं कभी पूरी संतुष्ट
                   ॐ

कहा कृष्ण ने सुन अर्जुन
    पाप-पुण्य हैं मन के द्वंद
कार्य तू कर मुझको अर्पित
    फल की आशा, भी हो शून्य


है कर्तव्य तेरा बस यह
    करो धर्म का तुम पालन
क्या होगा इसका परिणाम
    यही सोचना है एक भ्रम


है विधि का बस एक विधान
    माया के पलड़े नहीं सम
कभी धर्म और कभी अधर्म
    जीत नहीं कोई सम्पूर्ण


अंतिम है पर एक पड़ाव
    इस सृष्टि का हर एक कण
मैं ही हूँ सबमें छाया
    होगा मुझमें ही सब अंत
     ॐ

जमुना तट पर राधा नाचे
साथ हैं कान्हा, मुरली बाजे
लेता कण-कण आज हिलोले
मधुर ध्वनि से वायु डोले

पत्ते-पत्ते, डाली-डाली
आज हुई धरती मतवाली
सदियों से आशा ले बैठी
आयेंगे प्रभु खेलन होली

राधा के चरणों से उठते
नये-नये रंगों के मेले
जमुना की लहरें भी झूमें
मुरली की धुन को वे छू के

वायु में आनंद समाये
नहीं रोक वह खुद को पाये
जो कोई नजदीक ही आये
पूर्ण मुक्ति को वह पा जाये

कहा प्रभु ने तब राधे से
रहें यहाँ हम युगों-युगों तक
है आनंद यहाँ एक ऐसा
नहीं सृष्टि में और कहीं वह

ॐ

रास रचाया कान्हा ने
         देने भक्ति-दान
बिन राधा पर कैसे संभव
         यह एक कार्य महान

कि कान्हा ने तब यह विनती
         प्रकटो तुम बरसाना
मैं ब्रज में फिर नंदलाल बन
         आऊँ तुम्हें मनाने

जमुना तट पर, पूर्ण चंद्र से
         तुम अमृत बरसाना
रास रचाऊँगा मैं, पर वह तो
         होगा एक बहाना
                ॐ

जोर-जोर से कृष्ण बिलखते
                उद्धव हैं भयभीत
अश्रुनीर की इस धारा में
                विलय ना हो जाये विश्व


हाथ जोड़ वे सम्मुख आये
                था मन में आश्चर्य
नाथ बताओ क्या कारण जो
                आप हुए गमगीन


कहें प्रभु कैसे समझाऊँ
                तुमको मन की पीड़
छोड़ा ब्रज पर कैसे छोड़ूँ
                ब्रज रज की वह प्रीत


मैय्या, गैय्या, गोप-गोपियाँ
                वृंदावन की याद
राधा संग जब जमुना तट पर
                रचा प्रेम का रास


रोम-रोम मेरा है करता
                उस मधु रस की आस
होकर भी सृष्टि का सृष्टा
                बिन ब्रज मैं हूँ उदास
                    ॐ

नगरी द्वारिका आये सुदामा
पूछे, रहते कृष्ण कहाँ
कोई पूछे क्या वे तेरे
कहें सुदामा, मेरे सखा

व्यंगबाण सुनकर लोगों के
हुए सुदामा तनिक व्यथित
आये पर वे द्वार कृष्ण के
कहें, करा दो मेरी भेंट

असमंजस में द्वारपाल तब
कैसे मैं दूँ प्रभु को कष्ट
रख धीरज मन में कुछ अपने
राजमहल में किया प्रवेश

कहा प्रभु एक निर्धन ब्राह्मण
फटेहाल और दीन है हालत
पर कहता है सखा आपका
कहता मेरा नाम सुदामा

भौचक्की तब हुई लक्ष्मी
सत्यभामा और सारे प्रहरी
दौड़ पड़े प्रभु नंगे पाँव
करने स्वागत सर्वोपरि
ॐ

कहते कान्हा, सुनो राधिके
　　　　समय विरह का खड़ा सामने
तुम सब जानों, क्यों हम आये
　　　　मना न करना, आज्ञा दो हमें


कहे किशोरीजी कान्हा से
　　　　कर्तव्यों को हम भी जानें
कैसे पर हम सहन करेंगे
　　　　यह वियोग तुम ही बतलाओ


ब्रज के कण-कण में हम छाये
　　　　वृक्ष-लतायें फूल और पत्ते
जब इनसे तुम करोगी बातें
　　　　हृदय हमारा भी सुख पाये


चाहे मथुरा, चाहे काशी
　　　　नगरी द्वारिका या रणभूमि
देखें जायेंगे हम चाहे
　　　　पर ब्रज से नहीं होगी दूरी
　　　　　ॐ

श्यामा से बनने में श्याम
　　　　　नहीं देर लगती एक क्षण
नहीं श्यामा से श्याम अलग
　　　　　नहीं श्याम श्यामा से भिन्न


यदि रंगना है श्याम रंग में
　　　　　मार्ग कई हैं अलग-अलग
बिन श्यामा की परम कृपा से
　　　　　नहीं प्रयास होते हैं सफल


योग, कर्म और ज्ञान को छोड़ो
　　　　　हो जाओ भक्ति में लीन
एक बार श्रृंगार किया फिर
　　　　　क्या रह पायें श्याम भी दूर
　　　　　ॐ

कौन हैं राधा, कौन रुक्मणी
हैं दोनों ही श्याम की प्यारी
राजमहल में एक पधारी
एक तो थी बस ब्रज की नारी

यदि चाहिये धन-संपत्ति
ऊँचा पद और मान-सम्मान
करो द्वारिकाधीश की पूजा
पाओ लक्ष्मी का वरदान

नहीं वहाँ पर पाओगे तुम
मिल जाये जिससे भक्ति
आये उद्धव भी ब्रज में ही
पाने रजकण चरण किशोरी

ॐ

कहाँ गोपियाँ, कहाँ है अर्जुन
   एक हैं अनपढ़, एक धनुर्धर
गायों का पालन एक करते
   राजभवन में एक विचरते
     कौन है पर इनमें से श्रेष्ठ


सखा प्रभु के थे अर्जुन
   बैठे उनके ही समकक्ष
ब्याही बहना, पाया ज्ञान
   पर अर्जुन में था अभिमान


दशा गोपियों की उलटी
   आते घर प्रभु चुपके से
माखन तो था एक बहाना
   मन उनका हरने को वे


इंद्रप्रस्थ जब छोड़ा प्रभु ने
   हुआ विनाश वहाँ तब शीघ्र
समा गये नैनों में सबके
   कान्हा ने जब छोड़ा ब्रज
    ॐ॰

कान्हा हरदम रहते ब्रज में
धूल सदा उनके चरणों पर
मधुसूदन हैं राजभवन में
बिन आज्ञा नहीं संभव दर्शन

ब्रज में हैं वे जाते घर-घर
कहीं बुलावा, कहीं वे छुपकर
राजभवन में नहीं स्वतंत्र
दास-दासियाँ, प्रहरी संग

वृंदावन में मुरली की ध्वनि
वृक्षों को देती है शक्ति
मुरली की धुन राजभवन में
याद दिलाती है उस ब्रज की

ब्रज में गोपियाँ, ब्रज में राधा
यमुना का तट, रास और क्रीड़ा
राजभवन में कूटनीति की
होती है हरदम ही चर्चा

छोड़ी मथुरा, छोड़ी द्वारिका
नहीं पर छोड़ा है कभी ब्रज
कर्म, ज्ञान और योग क्षणिक हैं
भक्ति पर सब में उत्तम

ॐ

श्यामा रूठे, श्याम मनायें
            रूठे कृष्ण तो राधा आये
नहीं अहम का भाव ही जागे
            राधेश्याम सदा कहलावें


इस ब्रह्मांड में कितने तारे
            हैं पर सबमें कृष्ण समाये
उनकी झिलमिल-झिलमिल कहती
            राधे-राधे-राधे-राधे
                        ॐ

राधा-कृष्ण में हुई लड़ाई
> कौन गलत और कौन सही

कौन करेगा निर्णय इसका
> है किसमें इतनी शक्ति


ना ही ब्रह्मा, ना ही विष्णु
> ना ही शिव लें जिम्मेदारी

खुशी-खुशी पर उठा रही है
> बोझ यह सारा मुरली प्यारी


होंठों पर हरदम कान्हा के
> है पर श्यामा की प्यारी

सुनकर उसकी मधुर ताल को
> भूलें सुधबुध ब्रजवासी

ᘒ ॐ ᘓ

शबरी के वो बेर हों जूठे
                   या माखन की चोरी करके
प्रभु तो बस हैं इतना कहते
                   भक्त मुझे हैं सबसे प्यारे


चाहे अर्जुन, चाहे सुदामा
                   चाहे हो अंतर ही कितना
केवट की भी यही तमन्ना
                   प्रभु चरणन कैसे को सेवा


प्रभु की लीला बड़ी निराली
                   कंस और कर्ण भी पा गये मुक्ति
विश्व नाचता जिसके सम्मुख
                   उसको नाच नचावे गोपी
                         ∽ॐ∾

राजभवन में बैठे कान्हा
        रुक्मणी, भामा करती सेवा
पग-पग पर सारी सुविधायें
        मन पर खोज रहा तट यमुना


कहाँ गोपियाँ, कहाँ है श्यामा
        कहाँ वो झिड़की, कहाँ रूठना
कहाँ वो फिर चुपके से आकर
        आँखों में वापस छुप जाना


कभी नाचना, कभी नचाना
        वेष बदल कर द्वार पर आना
और यदि वे कह दें ना-ना
        मुरली से संदेस पहुँचाना


यहाँ नहीं कोई कहता कान्हा
        ना चोरी का कोई उलाहना
और यदि मैं फोड़ूँ मटकी
        नहीं शिकायत कोई करता


राजसी सुख और वैभव है पर
        प्रेम नहीं है यहाँ पवित्र
इससे तो बेहतर है ब्रज जहाँ
        कहें गोपियाँ, तू है क्रूर
        ॐ

जहाँ केशव वहाँ हरदम सुख
        धन- वैभव का साथ बहुत
नहीं वहाँ पर पाओ तुम
        प्रेम-भक्ति का उत्तम रूप


ब्रज में वे हैं सदा कन्हैय्या
        ग्वालबाल और साथी गैय्या
गलियों में नंगे पद दौड़े
        बिना बुलाये आते घर


राजभवन का सुख मथुरा में
        भेंट नहीं पर अब आसान
राज्यसभा में आये भी तो
        पहले कहना होगा कौन


जब वे आये नगरी द्वारिका
        हो गया मिलना और कठीन
साथ लक्ष्मी जब बैठी हों
        क्यों ना हो फिर मति ही भृष्ट


यदि चाहते हो प्रभु दर्शन
        तो फिर समझो ब्रज की रीत
इक मुट्ठी माखन की आस में
        प्रभु नाचते गोपियों संग
           ॐ

यदि गोपियाँ कहती कान्हा
                साथ हमें ले जाओ मथुरा
यदि किशोरी कहती कान्हा
                बिना तुम्हारे नहीं यहाँ रहना
यदि ब्रज का कण-कण यह कहता
                जाने हम अब मिलन न होगा
छोड़ सभी को रोता ब्रज में
                क्या प्रभु जाते नगरी मथुरा


कर्तव्यों को जान सभी ने
                अपना-अपना कार्य किया
उन सबका ही आश्रय लेकर
                प्रभु ने अपना स्वांग रचा


कभी मथुरा में, रणभूमि में
                कभी द्वारिका धाम रहा
जगह-जगह प्रतिबिम्ब रहे पर
                हर क्षण ब्रज में वास रहा
                    ॐ

प्रभु दर्शन की चाह परंतु
                    कैसे जायें द्वार
भक्त तो खाली हाथ ही आये
                    पर नहीं सखा व्यवहार


ब्राह्मण एक गरीब यहाँ पर
                    रोटी को मोहताज
छप्पन भोग वहाँ लगते हैं
                    लक्ष्मी साथ विराज


नहीं प्रभु पर कौर उठावें
                    मन ही मन अकुलायें
वहाँ कहे भगिनी ब्राह्मण से
                    दर्शन तो कर आयें


लाकर मुट्ठी चार चाँवल के
                    भेंट सखा ले जाय
उधर प्रभु भी करें प्रतीक्षा
                    मिलन समय कब आय


मिले सखा-से-सखा गले फिर
                    अश्रुनीर बह जाय
बैठाया अपने आसन पर
                    खुद ही धोंवे पाँव

आग्रह पूर्वक ग्रहण किया फिर
          प्रेम-भक्ति प्रसाद
हुये प्रभु तब कर्जदार फिर
          गये सब संकट छूट
              ॐ

कितनी बार धरे प्रभु ने
ब्रज भूमि पर नंगे पाँव
पावनता की ऊँचाई का
क्या संभव करना अहसास

अघासुर, त्रणावर्त ने तो
किया प्रभु से झूठा बैर
क्षणिक प्रभु के आश्रय से ही
कट गये उनके सारे बंध

कंस, कर्ण और दुर्योधन का
था कुछ गहरा प्रभु से द्रोह
अंत हुआ उनका प्रभु सम्मुख
वे भी हो गये बंधन मुक्त

पांडव, कुंती, भीष्म, विदुरादि
भक्ति में सबके कुछ खामी
कृपा प्रभु की उन पर भारी
बने मुक्ति के वे अधिकारी

भक्ति पर ब्रज की है न्यारी
कण-कण में जहाँ श्याम समाये
पत्ता-पत्ता, डाली-डाली
प्रभु का नाम सदा दोहराये

ॐ

कपट, स्वार्थ और अंधापन
पहुँचे अपनी सीमा पर
भक्ति और ज्ञान का
जोश जहाँ हो बड़ा प्रबल
योगी अपने योग में
भूल जायें जब खुद को भी
प्रकट प्रभु के होने का
अवसर वह सबसे अनुकूल

कंस, जरासंघ और कौरव
अत्याचारी, क्रूर और भृष्ट
साथ परंतु और भी था
ब्रज में भक्तों का जमघट

बाणासुर, शंघासुर आदि
या पांडव और उद्धव साथी
कहीं दंड की थी आवश्यकता
अहंकार को कहीं निचोड़ा

एक ओर था युद्ध भयानक
परिणाम था हृदय विदारक
एक ओर भक्ति की खातिर
चोरी का भी स्वांग अनुपम
☙ ॐ ❧

कृष्ण हैं मथुरा, ब्रज में राधा
गोप-गोपियाँ, मैय्या-बाबा
जाते ब्रज को उद्धव रथ पर
देख रहें हैं छत से कान्हा

पेड़-लतायें, पत्ते-फूल
गली-गली और ब्रज की धूल
रहकर भी कान्हा से दूर
रहते हैं उनमें ही गुल

कभी पेड़ पर, कभी बाग में
कभी जमुना के निकट घाट पर
छुप-छुप कर श्याम निहारे
कहें गोपियाँ, क्यों शरमाये

माखन चोरा, मटकी फोड़ी
वस्त्र चुराये, झूठ भी बोला
अब जाकर बैठे मथुरा में
कहें कृष्ण, मुँह कैसे दिखायें

ॐ

पाना है ब्रह्मा को मुश्किल, राह एक मात्र है ध्यान
विष्णु को भी पाना कठीन, क्षीरसागर पर है आसन
शिवजी हैं थोड़े आसान, पर कैलाश का मार्ग जटिल
नहीं वे जन्में कभी धरती पर, कैसे फिर जाने क्या कष्ट

मर्यादित है यदि जीवन, अपनाओ तब राम का पथ
कृष्ण अन्यथा एक मात्र जो, कर सकते सब का उद्धार
ज्ञानी को वे मिलें ज्ञान से, कर्मठ से कहें फल मुझको दे
योगी को दें योग की शिक्षा, भक्त के संग वे खेलें खेल

हर स्तर पर, हर हालत में, हैं वे मिलने को तैय्यार
हैं पर कार्य हमारे ऐसे, बंद हो जाते सारे द्वार

ॐ

राम संग आये हनुमान
                    करने प्रभु के सारे काम
एक उन्हीं में थी शक्ति
                    लगा सके सागर-छलांग


कृष्ण जन्म की लीला का
                    सार बड़ा निराला था
कहीं गोपियाँ, कहीं अर्जुन
                    कहीं पर साथ सुदामा का


दोस्त-और-दुश्मन दोनों ही
                    रिश्ते के भाई-भाई
कहें पितामह आकर के
                    माधव कर दो कोई उपाय


काटा सिर शिशुपाल का
                    धोये चरण सुदामा के
राजभवन का भोग तो छोड़ा
                    माखन खाया चोरी से


करने आये थे वे लीला
                    सुनकर हो जाये मन गीला
कष्ट भरे मानव जीवन में
                    भक्ति ही भगवान है
                         ॐ

ब्रज में कान्हा की मुरली से
        उठता प्रेम है मीठा-मीठा
धुन मतवाली, नाचे गोपी
        बंसी गाती राधा-राधा

जब आये वे नगरी द्वारिका
        हो गया मुरली का रस फीका
अब तो बस उभरे उस उर से
        एक निरंतर विरह व्यथा
        ॐ

करो भागवत, सुनो भागवत
                    पर परिणाम रहेगा शून्य
यदि नहीं मन में है श्रद्धा
                    और नहीं भक्ति है शुद्ध


कही भागवत व्यासपुत्र ने
                    हुए परीक्षित बंधन मुक्त
वक्ता-श्रोता दोनों ही में
                    श्रद्धा और भक्ति उन्नत


कलियुग की देहरी पर आकर
                    छोड़ गये वे एक उपाय
यदि भागवत है जीवन में
                    हो सकता है सफल प्रयास
                         ॐ

कलियुग की देहरी तक आकर
कहा प्रभु ने हुआ समय
अब तक मैं था सबके सम्मुख
आगे अब भक्ति ही उपाय

लौट गये जब प्रभु निज धाम
छोड़ गये पर अपने शब्द
पाना नहीं है दुष्कर मुझको
यदि रहती भक्ति निश्चल

रख विश्वास यदि कोई मानव
रह पाये प्रभु में ही लीन
आयेंगे प्रभु स्वयं खोजते
भक्त बिना भक्ति लज्जित
ॐ

जब कान्हा की आती याद
   होती राधा तनिक उदास
मानो फूल करे अहसास
   छोड़ दिया खुशबू ने साथ


भ्रम का पर जीवन एक क्षण
   जैसे बादल ढ़क दे सूर्य
या हीरों के गहनों पर
   चढ़ जाये एक धूल परत


लौट आता है क्षणभर में
   नैनों का फिर से उल्लास
पशु-पक्षी, बगिया-और-ताल
   सब में ही छाये श्रीकृष्ण
    ॐ

कुरुक्षेत्र की रणभूमि में
        गूँज रहा था जब गाँडीव
केशव के मन में उस ओर
        उठता है एक प्रश्न कठीन


चला दिया यदि तीर पार्थ ने
        हो जाएगा युद्ध आरंभ
नहीं संभव फिर उसे रोकना
        कैसे होगा ज्ञान प्रकट


खड़ी करी तब माधव ने
        जिज्ञासा अर्जुन उर में
मैं भी जानूँ कौन खड़े हैं
        आहुति जीवन की देने


भीष्म, द्रोण और बालसखा
        मन में तब एक भ्रम उपजा
गिरा धनुष और टूटा धैर्य
        अर्जुन रथ पर बैठ गया


अवसर तब वह उचित बना
        बही ज्ञान की वहाँ गंगा
युगों-युगों से जिसके तट पर
        पाई मानव ने प्रभुता
          ॐ

कान्हा-कान्हा कहती राधा
                राधे-राधे मोहन
एक हैं बैठी यमुना तट पर
                एक हैं राजभवन


दूरी चाहे हो कितनी पर
                नहीं वहाँ दो मन
इक-दूजे में आत्मसात हो
                राधेश्याम वे हरदम


जहाँ पूज्य वृषभानु किशोरी
                वहाँ सदा मधुसूदन
कैसे कृष्ण का आदर संभव
                नहीं वहाँ यदि श्री कण
                ॐ

जमुना तट पर खेलें खेल
              ग्वालों के संग कृष्ण सरल
माखन चोरी छुप-छुप कर
              पर जाने गोपी का रंग


मैय्या के संग भी नटखट
              त्याग-तपस्या का यह फल
और प्रेम की अद्भुत प्रतिमा
              रास रचाये राधा संग


ब्रज में प्रभु की लीलओं का
              मात्र एक ही है कारण
"पाना मुझको कठीन नहीं यदि
              है मन में एक भोलापन"
                    ☌ॐ☌

भक्त थी मीरा, भक्त सूर थे
                   वल्लभ और सुदामा
भक्ति की गहराई से ही
                   उभरे नाम तुम्हारा


केशव, माधव, मधुसूदन
                   या कहे तुम्हें कोई कान्हा
साथ लक्ष्मी, सत्यभामा पर
                   पूर्ण तभी जब राधा


तुम मुरलीधर, तुम्हीं मुरारी
                   गोविंद, गोवर्धनधारी
करने पर, धर्म की रक्षा
                   तुमने रथ की डोर संभाली


था गाँडीव हाथ अर्जुन के
                   पर नहीं उसमें क्षमता
कुरुक्षेत्र के मध्य पहुँच कर
                   दिया ज्ञान तब गीता


कर्म करो, कर्तव्य तुम्हारा
                   मत रखो फल की इच्छा
मौत नहीं कोई अंत किसी का
                   मात्र एक दरवाज़ा

ॐ

आये प्रभु दरबार में, लेकर यह संदेश
पाँच गाँव पर्याप्त हैं, रुक जायेगा युद्ध
सूरज अपने शिखर पर, फैला रहा प्रकाश
मन ही जब अंधा बने, क्या करे वहाँ तब राह

नहीं वहाँ दरबार में, था कोई ऐसा वीर
कह देता धृतराष्ट्र से, बुद्धि तुम्हारी भृष्ट
कपट नीति अपनाय कर, किया है राज्य हड़प
लोभ और लालच खींच रहा, सर्वनाश की ओर

दौड़ी आई उसी समय, मौत वहाँ अतिशीघ्र
अगणित भक्षण वह करे, होगी अब वह तृप्त

ॐ

यदि प्रभु की होती इच्छा
>> भय में भक्ति का हो सार

क्यों ब्रज में वे करते लीला
>> क्यों राधारानी तब साथ


क्यों होंठों पर होती मुरली
>> क्यों यमुना तट होता रास

क्यों गोपी की राह रोककर
>> कहते दे मुझको माखन


क्यों गोपों के साथ खेलते
>> क्यों बंधते मैय्या के हाथ

क्यों गायों के साथ ही वन में
>> करते विचरण सुबह-से-शाम

>> ॐ

धर्मराज ने कहा कृष्ण से
             नहीं प्रभु यह है एक सत्य
अश्वत्थामा मरा नहीं फिर
             कैसे मैं कह दूँ यह वाक्य

कहा प्रभु ने, धर्मराज यह
             धर्म की रक्षा का है प्रश्न
साथ जो करता है अधर्म का
             नाश अवश्य, चाहे हो द्रोण

बिना द्रोण की मृत्यु के
             धर्म विजय नहीं पायेगा
सफल नहीं तब होगा आना
             मेरे इस अवतार का

नहीं धर्म कोई वस्तु है जड़
             बाँधे जो एक बंधन में
धर्म वही जो देता है
             मुक्ति सहज-सरलता से
                ༄ ॐ ༄

मस्तक पर है मोर पंख और
   अधरों पर है मुरली
बाजूबन्ध, पीताम्बर धारी
   करते पर वे चोरी


सोना-चाँदी-हीरा-मोती
   तुच्छ ये वस्तु सारी
मन-और-माखन चुरा रहे हैं
   मदन-मोहन गिरिधारी


कहे कोई आओ घर मेरे
   खुलें हैं घर के द्वार
कहें कन्हैय्या पहले देखूँ
   मन तेरा क्या साफ़

   ॐ

सुनो साथियों, कहते कान्हा
आज हमें है करना धावा
जायेंगे हम, घर गोपी के
लेने उसकी एक परीक्षा

जितना माखन मीठा उसका
निर्मल उतना ही मन
यदि करे वह कोई शिकायत
समझो अभी कमी कुछ

यदि जाल वह कोई फैलाये
जानो प्रीत है कच्ची
माखन-मिश्री नहीं मिले पर
फोड़ेंगे हम मटकी

ॐ

कहते कान्हा, सुन ओ मुरली
               यह संदेश सुना तू गोपी
तट यमुना मैं आस लगाये
               बैठा, तू आ जाना जल्दी


कहती गोपी, सुन ओ मुरली
               करना कान्हा से यह विनती
करो कृपा, कुछ करो देर अभी
               करने सारे कार्य गृहस्थी


हो तुम तो इस जग के स्वामी
               जो हो इच्छा, करती प्रकृति
नहीं परंतु हम स्वतंत्र अभी
               अच्छा हो तुम कर लो चोरी


तुम ही मंजिल, मार्ग भी तुम ही
               तुम ही अड़चन और बाधा भी
तुम ही माया, मुक्ति तुम ही
               तुम संचालक, हम कठपुतली
                    ॐ

कहे रुक्मणी, हे नारायण
         मुखमंडल पर क्यों है उलझन
क्या संकट ऐसा है आया
         नहीं जिसका कर सको निवारण


हे देवी, यह बात अनोखी
         भक्त-मित्र का है यह द्वंद
भक्त है मेरा भूखा-प्यासा
         बन रही मित्रता बाधा पर


है संबंध हमारा गहरा
         गुरुकुल में हम साथ पढ़े
करता मुझको याद सदा पर
         नहीं कभी कुछ माँगा मुझसे


निकल पड़ा है आज वह घर से
         नहीं राह पर वह जाने
दुर्बलता इतनी है तन में
         शायद नहीं पहुँच पाये


यदि नहीं वह आये द्वारे
         होगा भक्ति का अपमान
मैत्री मुझको रोक रही है
         यह ही उलझन का कारण
                    ॐ

महादेव आये दर्शन को
                    कहती मैय्या ना-ना-ना
यही बहाना लेकर आये
                    कितने ही करने हानि

सुंदरी बनकर आई पूतना
                    स्तनपान कराने को
निकली पर वह एक राक्षसी
                    लक्ष्य लला को मारन को

फिर आया तूफान एक बनकर
                    उड़ा गया वह लाला को
कृपा यदि नहीं होती प्रभु की
                    अनर्थ न जाने क्या होतो

अब तुम आये, भेस तुम्हारा
                    है वैसे ही डरावना
देख तुम्हें तो मैं घबराऊँ
                    लाला की तो बात ही क्या

महादेव अब करें प्रार्थना
                    हे प्रभु कोई करो उपाय
लाभ मिले तुम्हरे दर्शन का
                    खोजो इसका कोई हल

बाल अवस्था क्या कर सकते
                     एक ही चारा था बाकी
देखा प्रभु को करते क्रंदन
                     मैय्या तब परेशान हुई


कहे कोई, है नजर लगी
                     जाने कैसे उतरेगी
कहे कोई, बैठे एक साधु
                     शायद है उनमें शक्ति


डरते-डरते तब मैय्या
                     लाई लाला को नजदीक
मिले भक्त-से-भक्त वहाँ और
                     हुई भक्ति भी आत्मविभोर
                          ॐ

युद्धक्षेत्र के मध्य खड़े हो
                    अर्जुन कहते माधव से
कैसे बाण चलाऊँ मैं
                    अपने ही पितामह पर


इनके ही संरक्षण में
                    है मेरा बचपन बीता
इनकी ही छत्रछाया में
                    पाई शिक्षा और दीक्षा


इनके प्राणों को हरना
                    होगा यह एक पाप घना
बेहतर तो इससे होगा कि
                    प्राण स्वयं के तज देना


मोह-माया के भ्रम में अब
                    क्यों पड़ते हो तुम अर्जुन
धर्मयुद्ध के मध्य कभी
                    मत भूलो अपने कर्तव्य


कितने जन्म ही बीत गये
                    इस भ्रम में उलझे-उलझे
नहीं उठाया धनुष अभी तो
                    फंसे रहोगे माया में

मृत्यु तो इनकी निश्चित
            तुम तो बस एक मात्र निमित्त
होगा इनको भी हर्ष यदि
            बाण तुम्हारे हों कारण


अपने बाणों से करो विदा
            होगा यह इनका भी आदर
मौत यह इनकी है अंतिम
            ये सिद्धपुरुष-ज्ञानी उत्तम
                    ॥ॐ॥

ज्ञानी उद्धव सोच रहें हैं
                अनपढ़ हैं ब्रज के वासी
कुछ ही क्षणों में समझा दूँगा
                दूर होगी माया इनकी


सुनों गोपियों, कृष्ण नहीं हैं
                कोई साधारण प्राणी
पूर्णपुरुष वे, सकल विश्व के
                निर्माता हैं अविनाशी


विरह में उनके अश्रु बहाना
                कारण इसका है अज्ञान
आँख मूँद कर, साँस खींच कर
                लगा के मन को, करो तुम ध्यान


कहें गोपियाँ, सुन ओ ऊधो
                कहाँ से लायें मन दो-चार
एक ही था, वह दिया श्याम को
                अब तो बस उनका अधिकार


यदि वें कह दें, नहीं चाहिये
                लौटा दें हमको वापस
हो स्वतंत्र फिर, क्यों उलझे हम
                तज देंगी हम, अपने प्राण
                ॐ

मैय्या कहती, प्रभु अब आओ
   भोग लगाओ, भोग लगाओ
खड़े पास कान्हा यह सोचे
   है आमंत्रण, लड्डू खाओ


हाथ बढ़ाया तब कान्हा ने
   कहे मैय्या, ना-ना अभी ना रे
मंद-मंद मुस्कायें कान्हा
   यह आनंद कहाँ वे पावें
    ॐ

मन नहीं हैं दो-चार, ऊधो मन नहीं हैं दो-चार

एक ही था जो चुरा गये वे, अब उनका अधिकार
                    ऊधो, अब उनका अधिकार
मन नहीं हैं दो-चार, ऊधो मन नहीं हैं दो-चार

ज्ञान-योग की बातें तुम्हरी, हम अनपढ़-औ-गंवार
                    ऊधो, हम अनपढ़-औ-गंवार
हम क्या जाने कौन ब्रह्म है, प्रेम ही बस एक सार
                    ऊधो, प्रेम ही बस एक सार

वे मथुरा के राजकुमार, पर वे ब्रज के चोर
                    ऊधो, हैं वे ब्रज के चोर
धन-दौलत की चोरी सस्ती, वो पर मन गये हर
                    ऊधो, वो पर मन गये हर

बिन मन के अब देह खोखली, बन गये हम तो ढोल
                    ऊधो, बन गये हम तो ढोल
उभरे उससे ध्वनि एक बस, कान्हा-कान्हा बोल
                    ऊधो, कान्हा-कान्हा बोल

जिस छलिया ने हमें छला है, हो उसका उद्धार
                    ऊधो, हो उसका उद्धार
मन नहीं हैं दो-चार, ऊधो मन नहीं हैं दो-चार
                    ॐ

## About Author

Mukesh Chhajer teaches mathematics and physics in Danville VA. He holds a bachelor's and a master's degree in chemical engineering and a Ph.D. in polymer physics. He has previously published seventeen books: Twelve collections of poetry in English, Three collections of poems in Hindi, a biography of Mahavir Swami in verse and one book of essays on Jainism.